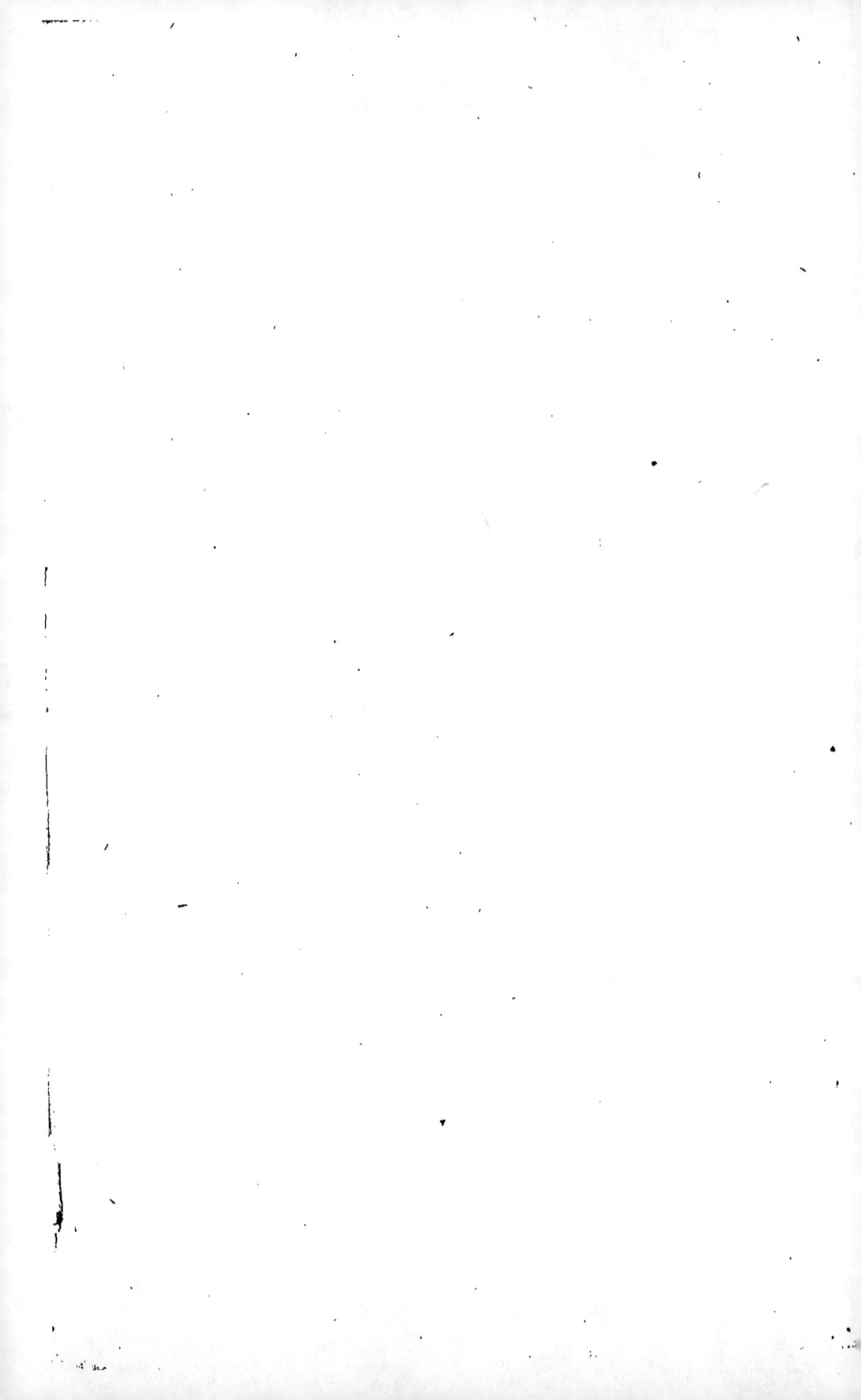

DISCOURS

PRONONCÉ

DANS LA CHAPELLE DU LAZARET
DE MARSEILLE, LE 3 JUILLET 1814,

A l'occasion du *Te Deum* qui y a été chanté en action de grâces pour le retour de LOUIS XVIII sur le Trône de ses Augustes Ancêtres, en présence de S. A. S. Madame Louise-Marie-Adélaïde DE BOURBON-PENTHIÈVRE, Duchesse d'Orléans, transportée de Mahon audit Lazaret par un Vaisseau de Ligne de Sa Majesté Britannique ; de M^r. le Marquis d'Albertas, Préfet du Département des Bouches-du-Rhône, de M^r. le Marquis de Montgrand, Maire de Marseille, et de MM^{rs}. les Conservateurs de la Santé Publique.

Par l'Aumônier du Lazaret (Père MARTIN); Chanoine-Honoraire de la Métropole d'Aix, et ancien Professeur en la Faculté de Théologie de l'Université de la même Ville.

A MARSEILLE,

Chez Jean MOSSY, Imprimeur du Roi, et Libraire, à la Canebière. 1814.

DISCOURS. (*)

A Domino factum est istud,
Et est mirabile in oculis nostris.

Ceci a été fait par le Seigneur,
Aussi est-il admirable à nos yeux. *Ps.* 117.

MADAME.

MESSIEURS,

TANDIS que le Successeur légitime des Clovis, des Charlemagne, des St. Louis, des Henri IV, paraît au milieu de nous, hélas ! après une absence trop long-temps prolongée. Tandis que les Lys renaissent heureusement en France, qu'ils ornent nos Eglises, nos places et nos portiques. Tandis que tous les cœurs se livrent à la joie la plus pure et à l'espérance la plus douce. Tandis enfin que des chants de louange,

(*) C'est d'après la demande réitérée que Madame la Duchesse d'Orléans a daigné faire de ce Discours, que l'Auteur s'est décidé à le faire imprimer. Les Lecteurs voudront bien être indulgens.

d'allégresse et d'admiration, ont déjà fait retentir les voutes de nos Temples, n'est-il pas pour nous-mêmes, Messieurs, un motif plus puissant de nous réjouir d'un évènement si merveilleux, et d'en glorifier le Seigneur, puisque nous avons le bonheur de posséder dans cette enceinte, une Princesse issue du Sang Illustre des Bourbons, aussi intéressante par ses malheurs, que recommandable pas ses vertus. Élevons donc nos voix dans ce lieu sacré, et écrions-nous avec un cœur tout ému de joie, de reconnaissance et de piété : Ceci est l'ouvrage du Tout-puissant, aussi est-il admirable à nos yeux. *A Domino factum est istud, et est mirabile in oculis nostris.*

Est-il un Français, tant-soit-peu religieux, qui ne voie la main du Très-Haut dans le prodige qui vient de s'opérer parmi nous? Oh ! que de pensées ! que de souvenirs ! que de merveilles se présentent en foule à mon esprit saisi d'étonnement et d'admiration ! Qu'il est grand le Dieu d'Israel, m'écrierai-je ici ! qu'il est puissant le Dieu de Jacob ! qu'il est bon en même-temps le Dieu des Chrétiens ! C'est lui qui humilie et qui élève, qui élève et qui humilie. C'est lui qui à son gré fait descendre du Trône celui-ci, pour y faire monter celui-là. C'est lui qui tout-à-coup renverse les cèdres orgueilleux du Liban, et qui précipite dans les enfers la superbe impiété qui ose insulter les Cieux. C'est lui qui, comme il veut, et quand il veut, se joue des vains projets des hommes et des tyrans de la terre. C'est lui enfin, qui frappe dans sa justice, et qui guérit dans sa miséricorde, qui après avoir châtié les Peuples et les Rois, daigne mettre fin à une révolution sans exemple dans les annales du Monde, révolution terrible dans ses effets, épouvantable dans ses résultats.

Oui, Messieurs, n'en doutons pas. C'est le Dieu fort qui dans un clin d'œil a rompu nos longues et nos pesantes chaînes. C'est le Dieu fort qui a terrassé soudainement ce géant audacieux, dont la puissance colossale menaçait le Monde entier. C'est le Dieu fort qui a dissipé, ainsi que le vent dissipe la poussière, les desseins insensés d'un homme étranger à notre patrie comme à nos mœurs, dont l'ambition insatiable, usurpatrice et gigantesque, avait bouleversé l'Europe, brisé des Sceptres, subjugué des Royaumes, tyrannisé des Nations, persécuté l'Eglise, et tenu dans les fers le Vicaire respectable de J. C. Saint et illustre Pie VII, dont la postérité admirera l'inébralable fermété! vous avez fléchi sans doute, par vos prières et par vos larmes, le Ciel courroucé contre nous; et le Dieu bon, le Dieu miséricordieux, a bien voulu, par vos instances, et pour notre bonheur, ramener dans nos Gaules l'antique dynastie des Capets, cette auguste dynastie à qui la France doit plusieurs siècles de prospérité et de gloire.

Vénérable Pontife! abreuvé pendant près de cinq ans d'une coupe d'amertume! percé d'un glaive de douleur! accablé de mille angoisses ! quel sublime exemple de charité, de force, de patience, de résignation, n'avez-vous pas donné au Monde Chrétien pendant le temps de votre dure captivité ? Aussi les Français véritablement Catholiques, partagèrent-ils toujours vos peines et vos souffrances. Toujours vous regardèrent-ils comme le Chef visible de l'Eglise, comme le Pasteur des Pasteurs, comme le Représentant de Jésus-Christ sur terre ; et toujours adressèrent-ils des vœux au Ciel pour votre liberté, pour votre retour sur la Chaire du Prince des Apôtres. Vous avez été vous-même le témoin de ces sentimens Catholiques, lorsque traduit de province en province, vous vîtes les habitans de la France accourir de toute part sur votre passage, mêler leurs larmes aux vôtres, se prosterner à vos pieds, et demander avec des cris religieux votre bienheureuse Bénédiction.

Religion Sainte ! consolez-vous maintenant ! vous allez reprendre vos droits sadonne tout. Il oublie tout. Il tient à la main et porte dans son cœur royal le Testament de Louis XVI, ce monument éternel de charité, ce saint héritage que nous a laissé un Père trop bon, un Héros Chrétien, un Roi Martyr. Non, le frère de Louis XVI, et le petit-fils de Henri IV, ne saurait être accessible à la haine; il ne peut connaître que la douceur, que la bonté, que l'amour, que la clémence, appanage précieux des grandes ames, caractère distinctif des Bourbons.

MARSEILLAIS ! non-seulement vous l'avez connu, mais encore éprouvé ce caractère de douceur et de bonté, en l'auguste personne royale de Charles IV, que vous avez eu l'honneur et la gloire de posséder près de trois ans dans votre belle et antique Cité.

Félicitons-nous, MESSIEURS, d'être les Sujets d'un tel Roi. Imitons ses exemples et secondons ses désirs. N'ayons tous qu'un même cœur, qu'une même ame ; n'ayons tous qu'un même sentiment ; et tous ensemble, concourons de tout notre pouvoir au bonheur de notre Patrie commune. Qu'il en soit de nous, comme d'une nombreuse famille depuis longues années dans la désolation, mais que consolent, que rendent heureuse le retour et la présence d'un Père bien-aimé qu'on croyait perdu et qu'on retrouve. Ah ! sans doute, la France, cette grande Famille, depuis si long-temps affligée, depuis si long-temps privée de son Roi, sera désormais fortunée. La Paix, ce doux présent du Ciel, dont elle commence à jouir, le Commerce, cet aliment nécessaire à la vie de tout Gouvernement, qui va refleurir. La Charte constitutionelle, que dans sa haute sagesse et sa profonde politique, vient de dicter Louis XVIII. La Religion Catholique, toujours chère à nos Rois et à nos Pères, déclarée la Religion de l'État : tout, oui, tout présage à la France un avenir heureux, par le règne constant de la justice, de l'ordre, du repos, de l'industrie, de la régénération des mœurs, et de la tranquillité des consciences.

Adressons - nous, en ce jour, au Père des miséricordes, au Dieu de toute bonté et de toute consolation : *Pater misericordiarum, et Deus totius consolationis*, qui a daigné venir à notre secours, et nous consoler de toutes nos tribulations : *Qui consolatur nos in omni tribulatione nostrâ*. 2. Corinth. cap. 1. Rendons - lui grâce du grand évènement dont nous sommes les témoins, évènement d'autânt plus merveilleux, qu'il était inattendu, quoiqu'ardemment désiré, depuis plus de vingt ans, par tous les bons Français. Le Roi très - Chrétien nous commande expressément cet acte de Religion. Il nous en a donné l'exemple édifiant, le jour même de son entrée triomphante dans les murs de Paris. Sa première pensée a été d'aller se prosterner aux pieds des Autels pour y adorer et remercier la Providence toute miséricordieuse du Roi des Rois, à la disposition de qui sont les Sceptres et les Couronnes.

Prosternons-nous nous-mêmes, MESSIEURS, devant la Majesté infinie du Tout-puissant. Demandons-lui d'accorder de longs jours à LOUIS-STANISLAS-XAVIER DE FRANCE, notre auguste Monarque, afin qu'il puisse faire long-temps le bonheur de son Peuple. Demandons-lui de le revêtir d'un esprit de sagesse propre à lui faire discerner le bien du mal, la vérité du mensonge, la franchise de l'adulation ; de le revêtir d'un esprit de force capable de résister aux insinuations de la fausse philosophie moderne ; cette philosophie, la cause de tous nos maux ; cette philosophie dangereuse qui égare l'imagination, qui corrompt les mœurs, qui détruit les principes sociaux et religieux, dès-lors ennemie du Trône et de l'Autel. Demandons aussi à Dieu de rendre prospère le règne des Souverains magnanimes qui ne sont pas venus conquérir nos Provinces mais nos cœurs, en nous apportant les Lys et l'Olivier de la

Paix. Demandons encore à Dieu de répandre ses plus abondantes bénédictions sur le dernier royal rejeton d'un Roi infortuné, Madame la Duchesse d'Angoulême, qui nous rappelle tant de hautes qualités, mais hélas ! mêlées de tant de malheurs. Remercions enfin le Ciel de l'heureux retour en France, de nos Princes, de nos Princesses, de tous les Bourbons, cette race illustre et bienfaisante, cette race féconde en Héros ; conjurons - le de les protéger tous, de les conserver tous, et en particulier S. A. S. Madame Louise-Marie-Adélaïde de Bourbon-Penthièvre, Duchesse d'Orléans, ce Dépôt précieux qu'une Nation libérale, généreuse et hospitalière, vient de rendre à sa Patrie, à sa Famille, à son Roi, et que notre Lazaret se glorifiera d'avoir possédé dans ses murs.

Daignez, Seigneur, écouter nos prières, daignez exaucer nos vœux ! Nous allons vous adresser au pied de cet Autel, des actions de grâces, et antonner à votre

gloire l'Hymne sacré de notre allégresse
et de notre reconnaissance, pour tous les
bienfaits dont vous nous avez comblé dans
votre miséricorde, ainsi que pour toutes
les merveilles que vous venez d'opérer à
nos yeux, merveilles que nous ne cesse-
rons d'admirer, et qu'admireront encore
les générations les plus reculées. *A Domino factum est istud, et est mirabile in
oculis nostris.*